10分生地を焼いて、デコレーションすれば完成！

天板だけで作るケーキ

Genoise & Biscuit

若山曜子

世界文化社

はじめに

お菓子作りを習い、ちゃんと作れるようになって一番うれしかったもの、
それがスポンジケーキです。
卵色でほんのり甘く、ふわふわとやわらか。
クリームやフルーツと合わせて食べると口の中でスッと儚く消えていく。
材料は、卵と砂糖と粉。少しの油分や水分が入るけど、基本的にはそれだけ。

製菓学校で最初に作ったときは、手で泡立てをしました。
腕力のない私が作った生地は空気を充分に含んでおらず、焼いたらパサパサ。
かたくてちっともおいしくなく、がっかりしたことを覚えています。
だから自分でお店のケーキみたいなスポンジケーキが焼けた時は、
本当に本当にうれしかったのです。

コツは、しっかりと卵を泡立てること。
温めながら泡立てることで、空気を含みやすくなります。
もういいかな？と思ってからも、こんもりモコモコとなるまで、もうひと押し。
そして、低速でキメを整えます。
粉を加えてからは、つやが出るまで混ぜる。
卵をちゃんと泡立てていれば、しっかり混ぜても大丈夫。
むしろキメが整い、口どけのよいスポンジになります。

この本では焼きの失敗の少ない天板で、薄く焼いていきます。
焼く時間はわずか10分程度で、スポンジケーキが完成します。

スポンジケーキが焼けたら、私はまず、端を切って食べます。
これは何といっても、作り手の特権。
ふわふわのスポンジは、そのままでも充分おいしく、
ジャムやクリーム、バターを添えても楽しめます。
それから家にあるものを何でも重ねてトライフルに。
少しがんばれば、ロールやショートケーキも作れるので、
いろいろアレンジを楽しんでほしいです。（そうそう、冷凍保存もできるのです！）

卵と砂糖と粉で、こんなにふんわりとしたおいしいものができる。
いつ作っても、自分が魔法使いになったようなワクワクした気持ちになります。

若山曜子

CONTENTS

- 02 はじめに
- 06 天板で焼くスポンジ生地は、こんなに便利！
- 08 スポンジ生地があれば、いろんなケーキが簡単！
- 11 この本で使う基本の2つの生地
- 12 ジェノワーズ生地
- 14 ビスキュイ生地
- 16 この本で使う天板について

Chapter 1
TRIFLE

- 18 シトラスとヨーグルトクリームのトライフル
- 22 ブルーベリーとチーズムースのトライフル
- 24 ラズベリーとホワイトチョコクリームのトライフル
- 26 オレンジとコーヒーゼリーのティラミス風トライフル
- 28 キャラメルバナナとカスタードクリームのトライフル
- 30 りんごのコンポートとサワーホイップのトライフル
- 32 ぶどうゼリーと白ワインクリームのトライフル
- 34 いちじくとマンゴー、豆乳パンナコッタのトライフル
- 36 ダークチェリーとガナッシュのトライフル
- 36 きんかんとガナッシュのトライフル

Chapter 2
SQUARE CAKE

- 40 いちごのショートケーキ
- 44 メロンのショートケーキ
- 45 すいかのショートケーキ
- 48 桃とマスカルポーネクリームのショートケーキ
- 50 みかんのビスキュイサンド
- 50 柿のビスキュイサンド
- 52 いちじくとスパイスティーのショートケーキ
- 54 アプリコットとバタークリームのプティフール
- 56 オペラ風スクエアケーキ
- 58 カマンベールクリームの大きなブッセ

Chapter 3
ROLL CAKE

- *62* 丸ごといちごのロールケーキ
- *63* いろいろフルーツのロールケーキ
- *66* キャラメルりんごロール
- *68* ゆずの香りのブッシュ・ド・ノエル
- *70* ブルーベリーの丸いショートケーキ
- *74* 抹茶練乳ロール
- *76* モンブランロール
- *78* 細巻きシナモンあずきロール

Chapter 4
PÂTE BRISÉE, MERINGUE

- *82* りんごのタルト
- *83* パンプキンのタルト
- *84* ブリゼ生地の作り方
- *86* マロンクリームのコーヒータルト

- *88* パブロバ
- *88* ココナッツの小さいパブロバ
- *90* メレンゲ生地（パブロバ生地）の作り方
- *92* ヴァシュラン
- *94* ソルベサンド

COLUMN

- *38* カスタードクリームの作り方
- *60* バタークリームの作り方
- *80* 天板用シフォン生地の作り方

天板で焼くスポンジ生地

1 特別な型は使いません

この本では、生地はすべて天板で焼いています。サイズは29cm四方を使いましたが（p.16）、お持ちのオーブンに付属しているものでもかまいません。丸型やパウンド型などを用意しなくてもいいので、ケーキ作りがはじめてのかたもベテランのかたも、作りやすさ抜群です。

2 短時間で焼き上がります

生地は天板に広げて焼くので、表面積が広く、薄くなります。つまり、焼き時間が短くてもきちんと火が通るというわけです。焼き時間は生地によって少し違いますが、表面がおいしそうな焼き色になったら焼き上がりの目安。短くて7分ほど、長くても12分ほどなので、他の型で焼く生地に比べて、ぐんと短時間です。生地を天板にのばす間に粉が混ざるので、混ぜ足りなかった、という失敗も少ないのが特徴です。

は、こんなに便利！

3
形が自由自在
変えられる

生地がシート状なので、工夫次第でいろいろな形に変化させることができます。厚みもわずか1〜2cmなので、そのまま小さく切り分けたり、細長く切ったり、四角く切ったり、丸く切り取ったり。それを重ねたり組み合わせることで、アイデアがどんどん広がっていきます。

4
冷凍できるから
作りおきも！

焼いた生地は冷凍できるので、まとめて作りおきができます。小さく切って保存袋に入れても、シート状のままラップで包んでもOK！ 薄いので、使う少し前に冷凍庫から出せばすぐに自然解凍できます。この本では生地1/2枚を使うレシピもご紹介していますが、冷凍できるから、「残りの生地はどうしよう…」という心配もありません。もちろん、そのまま食べてもおいしいです。

スポンジ生地があれば、いろんなケーキが簡単！

TRIFLE

小さく切って器に入れて
トライフル

イギリスのお菓子、トライフルに欠かせないのが、小さく切ったスポンジ生地。天板で焼いたシート状の生地なら、切り分けるのも簡単です。器にこの生地とホイップクリーム、フルーツなどを重ねたら、トライフルの完成！ スポンジ生地には、シロップやマリネ液などをしみ込ませてしっとりさせると、いっそうおいしい！

SQUARE CAKE

切って重ねて
スクエアケーキ

天板で焼いたスポンジ生地の形をそのまま生かしたのが、この四角いケーキ。生地を半分や3等分、4等分に切って、クリームやフルーツなどをはさみながら重ねると、イメージよりもずっと大きくてボリューム感のあるケーキが作れます。さらに小さく切って、プティフール仕立てにしてもよいでしょう。

ROLL CAKE

くるくる巻いて
ロールケーキ

ロールケーキ作りは、天板で焼いたスポンジ生地があってこそ。シート状のままクリームを塗ったりフルーツを散らして、くるっと巻いて作ります。生地の焼き目をロールの外側に出すか、内側にするかで見た目が変わり、生地の味やクリーム、フルーツに変化をつけるとバリエーションも広がります。

[この本の決まりごと]

・小さじ1＝5ml、大さじ1=15mlです。mlはccと同じです。
・卵はMサイズ(正味50g)のものを使用しています。
・生クリームは動物性の乳脂肪分40％前後のものを使っています。軽く仕上げたいときやチョコレートを使うときは35％、コクがほしいときは45％、というふうに使い分けてもいいでしょう。
・オーブンの焼き時間は目安です。機種によって違いがあるので、レシピの時間を目安に、様子をみながら加減してください。
・ガスオーブンを使う場合は、レシピの温度を10℃ほど低くしてください。
・電子レンジの加熱時間は600Wのものを基準にしています。500Wの場合は1.2倍を目安に加熱してください。機種により違いがあるので、レシピの時間を目安に、様子を見ながら調節してください。
・生クリームの泡立ては、泡立て器ですくって持ち上げた状態を見て確認します。6分立ては泡立て器ですくっても角がたたないやわらかい状態、8分立ては角が立ってすぐにおじぎをする状態、9分立ては角がピンと立った状態を目安にしてください。

Genoise, Biscuit

この本で使う
基本の2つの生地

ケーキ作りのスタートは、まず生地作りから。
この本では、食感や味わいの違う2種類の生地を使います。
全卵から泡立てる「ジェノワーズ」と
卵黄と卵白を別に泡立てる「ビスキュイ」。
その作り方をプロセス写真とともにていねいにご紹介します。
ケーキのレシピにはスパイスなどが入った
アレンジ生地も登場しますが、
作り方の基本は同じです。

この本で使う
基本の生地 ①

Genoise

しっとりときめ細かい
ジェノワーズ生地

全卵から泡立てる、
焼き上がりがしっとりとした共立てタイプ。
きめが細かく、卵の味を感じます。

材料(天板29cm四方／1枚分)
卵 … 3個
グラニュー糖 … 70g
薄力粉 … 60g
食用油(香りのないもの)… 小さじ2
牛乳 … 大さじ1½

＊長方形の天板(37 × 27cm)で焼く場合
卵4個、グラニュー糖90g、薄力粉80g、
食用油(香りのないもの) 大さじ1、牛乳大さじ2

下準備
・卵を室温にもどす。
・天板にオーブンシートを敷く(p.16)。
・ボウルに油と牛乳を入れて湯せんにかけ、
　50 〜 60℃に温める。
・オーブンを190℃に予熱する。

ボウルに卵、グラニュー糖を入れ、ハンドミキサーで軽く混ぜる。

湯せんにかけて泡立て、指を入れてみて少し熱いと感じるくらい＝約50℃に温まったら湯せんからはずし、高速で7分を目安に泡立てる。
⇒湯せんは、沸騰した湯にボウルの底をつけ、弱火にすると湯温をちょうどよい80〜100℃にキープできます。

ハンドミキサーですくってみて、少し羽根に残ってからもったりとリボン状に重なって落ちるくらいまで泡立てたら、低速で1分ほど泡立ててキメを整える。

薄力粉をふるい入れ、ゴムべらで真ん中を切り、底から返すようにしながら、粉っぽさがなくなってからさらに40回ほど混ぜる。

温めた油と牛乳を加え、ゴムべらでつやが出るまで20回ほど混ぜ、キメを整える。

オーブンシートを敷いた天板に流し入れる。
⇒しっかり混ざっていれば、ジェノワーズ生地はゆるやかに流れ落ちます。

カードで端まで均一にのばし、表面を平らにならす。

天板の縁に沿って指をなぞらせて生地の端をきれいにし、190℃のオーブンで10〜12分焼く。

天板からはずして網にのせ、オーブンシートをかぶせて冷ます。
⇒すぐに使わない場合は、しっかり冷めてからラップをかぶせておきます。

この本で使う基本の生地 ②

Biscuit

ふかふか、しっかり
ビスキュイ生地

卵白と卵黄を別々に泡立てる、
焼き上がりがふかふかとした別立てタイプ。
しっかりと食感が残ります。
シロップをしみ込ませるにも適しています。

材料（天板29cm四方／1枚分）
卵 … 3個
グラニュー糖 … 70g
薄力粉 … 70g
粉砂糖 … 大さじ1

＊長方形の天板（37×27cm）で焼く場合
卵4個、グラニュー糖90g、薄力粉90g、
粉砂糖大さじ1½

下準備
・天板にオーブンシートを敷く（p.16）。
・卵を卵黄と卵白に分ける。
・オーブンを200℃に予熱する。

1 ボウルに卵白を入れ、ハンドミキサーで泡立てる。全体に白っぽくなってきたら、グラニュー糖を3〜4回に分けて加え、そのつど泡立てる。

2 つやが出て角がピンと立つようになればOK。

3 卵黄を加えて、ゆっくり泡立てる。

4 色が均一になったら、薄力粉をふるい入れる。

5 ゴムべらで真ん中を切り、底から返すようにしながら、粉っぽさがなくなるまで混ぜる。

6 オーブンシートを敷いた天板に取り出す。
⇒ビスキュイ生地はしっかりしているので、流れ落ちません。すくって取り出します。

7 カードで端まで均一にのばし、表面を平らにならす。

8 天板の縁に沿って指をなぞらせて生地の端をきれいにする。

9 粉砂糖を茶こしで均一にふり、200℃のオーブンで7〜8分焼く。焼き上がったら、天板からはずして網にのせ、オーブンシートをかぶせて冷ます。
⇒すぐに使わない場合は、しっかり冷めてからラップをかぶせておきます。

この本で使う天板について

この本では、外寸が29cm四方(底面が26cm四方)の天板を使っています。
オーブンに付属しているもの、主にロールケーキ用として売られている
別売りのものどちらでもかまいません。生地を焼くときは、必ずオーブンシートを敷いて使います。

天板が長方形の場合：Chapter2「四角いケーキ」で焼き上がった生地を4等分するケーキを作るときのみ、
まず生地を正方形に切りそろえてから4等分してください。それ以外のケーキは、そのまま作ることができます。
また、一般的な長方形の天板（37×27cm）で焼く場合、材料の分量を増やす必要があります。
ジェノワーズ生地は p.12 に、ビスキュイ生地は p.14 に分量を掲載しています。

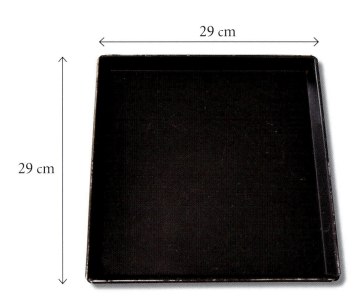

【オーブンシートの敷き方】

オーブンシートを30cm四方に切り、四辺を1.5cmくらいずつ内側に折り込む。

生地の厚さ分の立ち上がりを作るため、角に当たる部分に1カ所ずつ、端から底面までの折り目に沿って1.5cmの切り込みを入れる。

折り目を底面に合わせ、切り込み部分で重ねるようにして立ち上がりを作る。

ロールケーキを作るときは、オーブンシートを2枚重ねにしてください。熱の入り方がやわらかくなり、しっとり焼き上がります。

Chapter 1

TRIFLE
トライフル

スポンジ生地とたっぷりのクリーム、
フルーツなどを重ねるだけのトライフル。
成形がいらないから、初心者でも簡単です。
合わせるのは、軽やかで、ゆるめのクリームがおすすめ。
やわらかい層の中にぷるんとしたゼリーを加えたり、
カリッとしたトッピングをプラスすると
食感に変化がついて、食べ飽きません。

Chapter 1
TRIFLE

シトラスとヨーグルトクリームの トライフル

トライフルはクリームをたっぷりいただくお菓子。
軽い食べ心地になるように、クリームにはヨーグルトを混ぜるのがお気に入りです。
フルーツはどんなものでもよく合うけれど、
今回はさわやかで少しビターなグレープフルーツをふんだんに。
シトラスマリネの果汁とはちみつを含んだビスキュイ生地と、
やわらかなクリームのハーモニーが軽やかなデザートです。
作り方⇒p.20

シトラスとヨーグルトクリームの トライフル

材料(4〜5人分)
ビスキュイ生地(p.14)… 約½枚
【シトラスマリネ】
　グレープフルーツ(ホワイト・ルビー)… 各1個
　オレンジ… 1個
　グラニュー糖… 大さじ1
　グランマルニエ… 大さじ1
【ヨーグルトクリーム】
　生クリーム… 200mℓ
　プレーンヨーグルト(無糖)… 200g
　グラニュー糖、はちみつ… 各大さじ1
はちみつ… 適量

下準備
・ヨーグルトはキッチンペーパーを敷いたざるに入れ、ボウルに重ねて半量ほどになるまで水きりをする。

1.
シトラスマリネを作る。グレープフルーツとオレンジはナイフで上下を切り落として薄皮ごと皮をむき、房取りをしてひと口大に切る。グラニュー糖、グランマルニエをからめる。

2.
ヨーグルトクリームを作る。生クリームにグラニュー糖を加え、ボウルの底を冷やしながら6分立てにし、水きりヨーグルト、はちみつを加え、泡立て器でさっくり混ぜる。

3.
ビスキュイ生地は器の直径に合わせて丸く切り取る。残りは3cm四方に切り、切れ端も取っておく。

4.
器に丸く切り取った生地を敷き、シトラスマリネの¾量を器の縁側から並べる。

5.
シトラスマリネの汁を全体にかける。

6.
ヨーグルトクリームの半量をのせ、ゴムべらで全体にのばす。

7.
3cm角に切ったビスキュイ生地を縁に並べる。

8.
残りのビスキュイ生地を全体にのせる。

9.
残りのヨーグルトクリームをのせてゴムべらで全体にのばす。

10.
残りのシトラスマリネを縁に並べる。冷蔵庫で冷やす。

11.
はちみつをかける。

12.
仕上げにココナッツロング(分量外・好みで)をふる。シトラスマリネの果汁が生地に移る1〜2時間後が食べ頃。翌日もおいしい。

ブルーベリーとチーズムースの
トライフル

みんなが大好きなレアチーズ。型抜きをしないトライフルにすればゼラチンを使わず、よりなめらかな舌ざわりを楽しめます。
グラノーラを食感のアクセントに。
市販のグラハムクッキーなどを散らしてもおいしいですよ。

材料(4〜5人分)
ビスキュイ生地(p.14)… 約½枚
ブルーベリー … 100g
【チーズムース】
　クリームチーズ … 150g
　グラニュー糖 … 40g
　プレーンヨーグルト(無糖)… 200g
　生クリーム … 200mℓ
　レモン汁 … 小さじ½
ブルーベリージャム … 大さじ3〜4
グラノーラ … 適量
レモンの皮(削る)… 適量

下準備
・ヨーグルトはキッチンペーパーを敷いたざるに入れ、ボウルに重ねて半量ほどになるまで水きりをする。
・クリームチーズを室温にもどす。
・ビスキュイ生地を2〜3cm四方に切る。

作り方

1. チーズムースを作る。まず、ボウルにクリームチーズとグラニュー糖を入れ、ゴムべらでやわらかくなるまで混ぜる(a)。水きりヨーグルトを加え、泡立て器でなめらかに混ぜる。
⇒クリームチーズがかたければ、電子レンジで20秒ほど加熱します。

2. 次に、生クリームをボウルの底を冷やしながら8分立てにする。1に加え、泡立て器でよく混ぜ(b)、レモン汁を加えて混ぜる。

3. 器にグラノーラ→ビスキュイ生地→2→ブルーベリージャム→ブルーベリー→2の順に重ねる。

4. 縁にブルーベリーを飾り、グラノーラを散らし、レモンの皮を散らす。

ラズベリーとホワイトチョコクリームの
トライフル

ホワイトチョコレートのこっくりとした甘さが大好き。
ヨーグルトを少し加えて、軽いクリームにしました。
合わせたのは、相性抜群のラズベリー。
ライムの香りで輪郭を引き締めて、さわやかな味わいに。

材料(4〜5人分)
ビスキュイ生地(p.14)… 約½枚
ラズベリー（冷凍）… 150g
【ホワイトチョコクリーム】
  生クリーム … 200ml
  ホワイトチョコレート … 120g
  プレーンヨーグルト(無糖)… 50g
  ライム果汁 … 小さじ1
ホワイトチョコレート(飾り用・スプーンで削る)… 少々
ラズベリー（生）… 適量
ライムの皮(すりおろす)… 少々

下準備
・ホワイトチョコクリームのホワイトチョコレートを細かく刻む。
・ビスキュイ生地を器の直径に合わせて丸く切り取り、
　残りの半量は3cm四方、半量は1cm四方に切る。

作り方

1　ホワイトチョコクリームを作る。まず、耐熱ボウルに生クリーム50ml を入れ、ふんわりとラップをして電子レンジで40秒ほど加熱する。ホワイトチョコレートを加え、ゆっくりと混ぜて溶かし、ヨーグルト、ライム果汁を加えてさらに混ぜる。粗熱を取る。

2　次に、生クリーム150ml をボウルの底を冷やしながら8分立てにし、1にさっくりと混ぜる。

3　器に丸く切ったビスキュイ生地を敷き、冷凍のままのラズベリー→2→3cm四方に切ったビスキュイ生地→2→1cm四方に切ったビスキュイ生地の順に重ね、残りの2とラズベリーをのせる。

4　飾り用のホワイトチョコレートとライムの皮を散らす。冷蔵庫で冷やして30分後くらいからが食べ頃。

オレンジとコーヒーゼリーの
ティラミス風トライフル

人気のティラミスもまた、トライフルの一種。
きれいな層になるように、コーヒーをゼリー仕立てにしました。
香りと酸味のアクセントに、オレンジを重ねて、
色合いも大人っぽい、シックなデザートに。

材料(4〜5人分)
ビスキュイ生地(p.14)… 約1/2枚
【コーヒーゼリー】
|　濃いめのコーヒー（熱いもの）… 250㎖
|　粉ゼラチン … 5g
【オレンジマリネ】
|　オレンジ … 2個
|　グラニュー糖、グランマルニエ … 各大さじ1
【マスカルポーネクリーム】
|　卵黄 … 2個
|　卵白 … 2個分
|　グラニュー糖 … 60g
|　マスカルポーネチーズ … 250g
ココアパウダー… 適量

下準備
・粉ゼラチンを水大さじ2（分量外）にふり入れて、ふやかす。
・ビスキュイ生地を器の直径に合わせて切る。

作り方

1 コーヒーゼリーを作る。濃いめのコーヒーにふやかしたゼラチンを加え、しっかり混ぜて溶かし、粗熱が取れたらバットに移し、冷蔵庫で2時間以上冷やしかためる。

2 オレンジマリネを作る。オレンジはナイフで上下を切り落として薄皮ごと皮をむき、房取りをしてひと口大に切る。グラニュー糖、グランマルニエをからめる。

3 マスカルポーネクリームを作る。まず、ボウルに卵黄とグラニュー糖20gを入れ、湯せんにかけ、白っぽくなるまで泡立て器で泡立てる(a)。湯せんからはずして粗熱が取れるまで泡立てる。マスカルポーネを加え、均一になるまでよく混ぜる。
⇒湯せんは沸騰した湯にボウルの底をつけ、弱火にすると湯温をちょうどよい80〜100℃にキープできます。

4 次に、別のボウルに卵白を入れてハンドミキサーで混ぜ、全体に白っぽくなってきたら、グラニュー糖40gを3〜4回に分けて加え、そのつど泡立てる。つやが出て角がピンと立つようになったら(b)、*3*に加え、泡立て器でさっくりと泡をつぶさないように混ぜる(c)。

5 器にビスキュイ生地を1枚ずつ入れ、マリネの汁を等分にかける。*2*→*4*→ビスキュイ生地→スプーンですくった*1*→*4*の順に重ね、ココアパウダーをふる。冷蔵庫で冷やして1〜2時間後くらいからが食べ頃。

材料(4〜5人分)
　ビスキュイ生地(p.14)… 約½枚
【キャラメルバナナ】
　│ バナナ … 2本
　│ グラニュー糖 … 大さじ4
　│ 水 … 小さじ1
　│ 生クリーム … 大さじ4
　│ ラム酒 … 大さじ1
【オレンジシロップ】
　│ オレンジマーマレード … 大さじ1
　│ 水 … 大さじ2
　│ グランマルニエ … 大さじ1
　生クリーム … 200mℓ
　グラニュー糖 … 15g
　ラム酒 … 小さじ1
　カスタードクリーム(p.38)… 全量
　ビスケット(割る)、ピーカンナッツ(刻む)… 各適量

下準備
・ビスキュイ生地を2〜3cm四方に切る。
・オレンジシロップを作る。耐熱ボウルにマーマレードと水を合わせ、電子レンジで20秒ほど加熱してよく混ぜる。グランマルニエを加えて混ぜる。
・カスタードクリームは、泡立て器でなめらかになるまでほぐす。

作り方

1. キャラメルバナナを作る。バナナを5mm厚さの輪切りにする。フライパンにグラニュー糖と水を入れて強火にかけ、縁が色づいてきたらフライパンを軽くまわしながら全体を濃いキャラメル色にする。火から下ろして生クリームを加え、弱火にかけて混ぜ、ラム酒を加える。大さじ2を取りおき、残りが熱いうちにバナナをからめる。

2. 生クリームにグラニュー糖を加え、ボウルの底を冷やしながら6分立てにし、ラム酒を混ぜる。

3. 器にビスキュイ生地の半量を入れてオレンジシロップを塗り、1→カスタードクリーム→ビスキュイ生地→オレンジシロップ→ナッツ→ビスケット→2→ビスケット→1の順に重ねる。

4. 取りおいたキャラメルを少量の湯でのばしてかけ、ナッツをふる。

キャラメルバナナと
カスタードクリームのトライフル

口溶けのいいカスタードとバナナのやさしいコラボレーション。
オレンジマーマレードの酸味と香りが絶妙のアクセントになります。
ナッツやビスケットの香ばしさも、必須アイテム。

りんごのコンポートとサワーホイップのトライフル

軽い酸味のあるサワークリームは、水きりヨーグルトよりコクがあり、クリームチーズより軽く混ぜやすい、使い勝手のいいクリームです。りんごのコンポートの煮汁は、ビスキュイにしみ込ませて。

材料(4〜5人分)
ビスキュイ生地(p.14)… 約½枚
【りんごのコンポート】(作りやすい分量。1個分を使用)
　りんご(紅玉)… 2個
　白ワイン … 100ml
　水 … 300ml
　グラニュー糖 … 150g
　レモン汁 … 大さじ½
【サワーホイップクリーム】
　生クリーム … 150ml
　グラニュー糖 … 大さじ1
　サワークリーム … 70g
【ピーカンナッツのメープルキャラメリゼ】
　ピーカンナッツ … 40g
　メープルシロップ … 大さじ1

下準備
・ビスキュイ生地は3cm四方に切る。
・オーブンを170℃に予熱する。

作り方

1　りんごのコンポートを作る(a)。りんごは4つ割りにして皮をむき、芯を除く。鍋に白ワイン、水、グラニュー糖を入れてひと煮立ちさせ、りんごとりんごの皮、レモン汁を加えて落としぶたをし、弱火で10分ほど煮る。そのまま冷まし、1個分をひと口大に切り、少量を薄切りにする。煮汁適量をからめる。残りは冷蔵庫で1週間保存可能。

2　ピーカンナッツのメープルキャラメリゼを作る。ピーカンナッツにメープルシロップをからめ、オーブンシートを敷いた天板に散らし、170℃のオーブンで10〜15分焼いて取り出し、冷ます。

3　サワーホイップクリームを作る。ボウルに生クリームとグラニュー糖を入れ、ボウルの底を冷やしながら6分立てにし、サワークリームを加えて8分立てにする。

4　器にビスキュイ生地→ひと口大の1→3→ビスキュイ生地→薄切りの1の順に重ね、2を散らす。

ぶどうゼリーと
白ワインクリームのトライフル

トライフルの本場イギリスには、ホイップクリームに
フルーツピュレなどを加えた"フール"というデザートがあります。
これは、ピュレを白ワインに代えた軽いフールに
好相性のマスカットを合わせた、涼やかなトライフルです。

材料(4~5人分)
ビスキュイ生地(p.14)…約½枚
【ぶどうゼリー】
　ぶどう(マスカットなど)…250g
　白ワイン…75ml
　水…100ml
　グラニュー糖…大さじ1½
　粉ゼラチン…5g
　レモン汁…小さじ1
【白ワインクリーム】
　生クリーム…200ml
　はちみつ…小さじ2
　グラニュー糖…小さじ1
　白ワイン…大さじ2~3
チャービル…少々

下準備
・ビスキュイ生地を器の直径に合わせて丸く切り抜く。
・粉ゼラチンを水大さじ2(分量外)にふり入れて、ふやかす。

作り方

1　ぶどうゼリーを作る。ぶどうは皮をむき、種があれば半分に切って取り除く。飾り用に少し取りおく。小鍋に白ワイン、水、グラニュー糖を入れて中火にかけ、グラニュー糖が溶けたらふやかしたゼラチンを加えて混ぜ溶かす。ぶどうとレモン汁を加えて混ぜ、バットに移し、冷蔵庫で1時間以上冷やしかためる。

2　白ワインクリームを作る。ボウルに生クリームとはちみつ、グラニュー糖を入れ、ボウルの底を冷やしながら8分立てにする。白ワインを加え、ゆっくりと混ぜるように泡立てる。

3　器にビスキュイ生地→1→ビスキュイ生地→2の順に重ね、飾り用のぶどうとチャービルをのせる。

いちじくとマンゴー、豆乳パンナコッタのトライフル

豆乳で作るパンナコッタは、牛乳とはひと味違うまろやかな味わい。
酸味の少ないフルーツとよく合います。
ここではマンゴーといちじくを使いましたが、どちらか1つだけでも充分おいしい。
合わせる砂糖は、素朴なきび砂糖やメープルシロップがおすすめです。

材料(4〜5人分)
ビスキュイ生地(p.14)… 約1/2枚
いちじく … 2個
マンゴー … 1/2個
【豆乳パンナコッタ】
　豆乳(成分無調整) … 300mℓ
　きび砂糖 … 30g
　粉ゼラチン … 5g
　プレーンヨーグルト(無糖) … 30g
生クリーム … 100mℓ
グラニュー糖 … 20g
【コアントローシロップ】
　水 … 大さじ2
　グラニュー糖 … 小さじ1
　コアントロー … 小さじ1

下準備
・粉ゼラチンを水大さじ2（分量外）にふり入れて、ふやかす。

作り方

1 豆乳パンナコッタを作る。まず、耐熱ボウルに豆乳50mℓときび砂糖を入れて電子レンジで1分ほど加熱し、ふやかしたゼラチンを加えて溶かす。

2 次に、別のボウルにヨーグルト、豆乳250mℓを入れてよく混ぜ、*1*を加えて混ぜ、冷蔵庫で2時間以上冷やしかためる。

3 ビスキュイ生地を4〜5cm四方に切る。生クリームにグラニュー糖を加え、ボウルの底を冷やしながら8分立てにする。マンゴーは2cm角に切る。いちじくは皮をむき、4つ割りにする。

4 コアントローシロップを作る。耐熱ボウルに水とグラニュー糖を入れ、電子レンジで15秒ほど加熱して混ぜ、グラニュー糖が溶けたら、コアントローを加えて混ぜる。

5 ビスキュイ生地に*4*を塗る。器に入れ、マンゴー→*2*→生クリーム→いちじくの順に重ねる。

ダークチェリーとガナッシュのトライフル（右）
きんかんとガナッシュのトライフル（左）

薄力粉を入れずに焼いたガナッシュ生地は、しゅわしゅわくずれやすいけど
しっとりとして、チョコレートの風味がぎゅっと凝縮。
チェリーときんかん、洋酒のきいた2種類のトッピングとの相性は抜群です。
クリームには甘みを加えず、大人っぽい味わいのデザートに。

材料(各2〜3人分)
【*ガナッシュ生地 ＊共通*】(天板29cm四方／1枚分)
| 卵白 … 3個分
| グラニュー糖 … 30g
| 生クリーム … 100mℓ
| チョコレート(刻む) … 100g

● ダークチェリーとガナッシュのトライフル
ガナッシュ生地 … ½枚
ダークチェリー(缶詰) … 100g
キルシュ … 大さじ1
生クリーム … 100mℓ

● きんかんとガナッシュのトライフル
ガナッシュ生地 … ½枚
きんかんの甘煮(MEMO) … 適量
グランマルニエ … 適量
生クリーム … 100mℓ

下準備 ＊共通
・天板にオーブンシートを敷く(p.16)。
・オーブンを200℃に予熱する。

作り方
● ダークチェリーとガナッシュのトライフル

1. ガナッシュ生地を作る。まず、小鍋に生クリームを入れて沸騰直前まで温め、チョコレートを入れたボウルに加えて混ぜる。粗熱を取る。

2. 次に卵白を泡立て、グラニュー糖を3〜4回に分けて加えながら、角がピンと立つまで泡立てる。1に加えてゴムべらでさっくりと混ぜる。天板にのばし、200℃のオーブンで7〜8分焼く。冷めたら2cm四方に切る。

3. ダークチェリーの缶汁を軽くきって鍋に入れ、キルシュを加えてひと煮立ちさせ、冷やす。

4. 生クリームを8分立てにし、器に2→生クリーム→3→2→生クリーム→3の順に重ねる。

● きんかんとガナッシュのトライフル
上記の作り方1〜2と同様にして、ガナッシュ生地を作り、冷まして2cm四方に切る。きんかんの甘煮にグランマルニエをふる。生クリームを8分立てにし、上記の作り方4と同様に重ねる。

MEMO
きんかんの甘煮
(作りやすい分量)

きんかん250gは縦半分に切って種を除く。鍋にきんかんと水100mℓを入れて中火で5分ほど煮て、グラニュー糖100gを加えて弱火にし、15分ほど煮る。そのまま冷ます。デザートとしてそのまま食べたり、ヨーグルトに添えたりしてもおいしい。

COLUMN

カスタードクリームの作り方

材料(作りやすい分量)
卵黄 … 2個
グラニュー糖 … 40g
コーンスターチ … 15g
牛乳 … 200mℓ
バニラビーンズ … 1/4本

下準備
・バニラビーンズは縦半分に切って、
・包丁の先などで中の種をしごく。
・バットにラップを敷く。

卵のやさしい味わいにバニラの香りがふわりと広がる、応用範囲の広いクリームです。
トライフルのクリームにするのはもちろん、同量のホイップクリームと混ぜてロールケーキのクリームにしたり、生クリームと重ねて塗って巻くのもおすすめです。

【本書で使っているお菓子】
・p.28「キャラメルバナナとカスタードクリームのトライフル」

1.
ボウルに卵黄とグラニュー糖を入れ、泡立て器でグラニュー糖が溶けて全体が白っぽくなるまでよく混ぜる。コーンスターチを加え、手早く混ぜる。

2.
小鍋に牛乳とバニラビーンズの種とさやを入れ、中火で沸騰直前まで温める。少量を1に加えて泡立て器で混ぜる。

3.
2を牛乳の鍋に戻し入れ、泡立て器で混ぜながらふつふつしてくるまで中火で熱し、ときどきゴムべらで周りについたクリームを落としながら混ぜる。

4.
泡立て器でよく混ぜながらさらに火を通し、さっと流れ落ちるくらいになったら火から下ろす。

5.
ざるでこしながらバットに入れる。

6.
上からラップをかぶせて平らにのばし、氷や保冷剤などを使って手早く冷まし、冷蔵庫で冷やす。使うときは泡立て器でなめらかにほぐす。

Chapter 2

SQUARE CAKE
スクエアケーキ

薄く焼いたスポンジ生地を重ねて作るケーキは
少なめのクリームで、生地のおいしさを存分に味わってほしい。
合わせるフルーツは色が変わらないものか、
軽く火を通したり、マリネしたものを。
クリームをほぼ塗り終わったら、
一度冷蔵庫で冷やしておくと
形が落ちついて仕上げがきれいになります。

Chapter 2

SQUARE CAKE

いちごのショートケーキ

おいしくてかわいい、王道のいちごショート。
天板でジェノワーズを焼けば、均等に薄くスライスできなくても大丈夫。
切って重ねて、上からスプーンでクリームをポトンと落とせば
プレゼントボックスのようなケーキのでき上がりです。
作り方⇒ p.42

いちごのショートケーキ

材料(約13cm四方／1台分)
ジェノワーズ生地(p.12) … 1枚分
いちご … 1パック(250g)
生クリーム … 300mℓ
グラニュー糖 … 20g
【 キルシュシロップ 】
　水 … 50mℓ
　グラニュー糖 … 大さじ1
　キルシュ（またはグランマルニエ、
　　コアントローなど）… 大さじ½

下準備
・キルシュシロップを作る。耐熱ボウルに水と
　グラニュー糖を入れ、電子レンジで30秒ほど
　加熱して混ぜ、グラニュー糖が溶けたら、
　キルシュを加えて混ぜる。
・いちごは飾り用の7〜8粒を取り分ける。
　残りは縦に7〜8mm厚さに切る。
・生クリームはグラニュー糖を加え、
　ボウルの底を冷やしながら8分立てにする。

Genoise

1.
ジェノワーズ生地は端を切りそろえ、4等分の正方形に切る。1枚目の表面にキルシュシロップを塗る。
⇒端は乾燥しやすいので、シロップをたっぷりと塗りましょう。

2.
生クリームを塗る。

3.
7〜8mm厚さに切ったいちごを、すきまを作らないように向きを変えながら並べる。

4.
生クリームを薄く塗る。

5.

2枚目の生地を重ね、キルシュシロップを塗る。
⇒天板の角になっていた部分が同じ方向にならないように、交互に重ねると、高さが均一になります。

6.

生クリームを塗る。

7.

いちごを3と同様にのせ、生クリームを薄く塗る。3枚目の生地を重ね、キルシュシロップを塗る。同様にし、4枚目の生地を重ねる。

8.

上面に生クリームを塗り、端を切りそろえ、いったん冷蔵庫で30分ほど冷やす。

9.

冷蔵庫から出して、残りのクリームに生クリーム少々（分量外）を足してゆるめ、ぽってりとのせて広げる。

10.

飾り用のいちごを好みで切り、バランスよくのせる。

ARRANGE

作り方8で側面を切りそろえて冷やしたあと、いちごを飾るだけでもよいでしょう。よりモダンな印象になります。

メロンのショートケーキ

メロンとミルキーな味は、意外なほどしっくりときます。
甘くて香り高く、でもどこかすがすがしいメロンは、
切っても美しい色合いのまま。
ショートケーキの具材としてもとても優秀なのです。
作り方⇒ p.46

すいかのショートケーキ

みずみずしいすいかのショートケーキ。
時間をおいても、不思議と水っぽくなったりしません。
シャクシャクと軽い口当たりのケーキは
夏にぴったりです。
作り方⇒ p.47

メロンのショートケーキ

材料（約24×8cm／1台分）
ジェノワーズ生地（p.12）… 1枚
メロン … 正味200g
生クリーム … 300mℓ
グラニュー糖 … 20g
【キルシュシロップ】
 水 … 50mℓ
 グラニュー糖 … 大さじ1
 キルシュ … 小さじ2

下準備
・キルシュシロップを作る。耐熱ボウルに水とグラニュー糖を入れ、電子レンジで30秒ほど加熱して混ぜ、グラニュー糖が溶けたら、キルシュを加えて混ぜる。
・ジェノワーズ生地の端を切りそろえ、3等分に切る。
・メロンは飾り用に丸く7〜8個くりぬく。
 残りは1cm厚さのひと口大に切る。
・生クリームはグラニュー糖を加え、
 ボウルの底を冷やしながら8分立てにする。

作り方

1 1枚目の生地の表面にキルシュシロップを塗り、生クリームを塗る（ⓐ）。

2 メロンの半量をできるだけすきまができないように向きを変えながら並べ（ⓑ）、上から生クリームを薄く塗る。

3 2枚目の生地を重ね（ⓒ）、キルシュシロップを塗る。生クリームを塗り、残りのメロンを同様にのせ、上から生クリームを薄く塗る。

4 3枚目の生地をのせ、上面、側面に残りの生クリームを塗り、飾り用のメロンをのせる。

Genoise

すいかのショートケーキ

材料（約24×8cm／1台分）
ジェノワーズ生地(p.12)… 1枚
すいか … 正味200g
生クリーム … 300ml
グラニュー糖 … 20g
【コアントローシロップ】
　水 … 50ml
　グラニュー糖 … 大さじ1
　コアントロー … 小さじ2
チョコチップ … 適量

下準備
・コアントローシロップを作る。耐熱ボウルに水と
　グラニュー糖を入れ、電子レンジで30秒ほど加熱して混ぜ、
　グラニュー糖が溶けたら、コアントローを加えて混ぜる。
・ジェノワーズ生地の端を切りそろえ、3等分に切る。
・すいかは飾り用にひと口大の三角形を8～10個切る。
　残りは1cm厚さの三角形に切る。
・生クリームはグラニュー糖を加え、
　ボウルの底を冷やしながら8分立てにする。

作り方

1　1枚目の生地の表面にコアントローシロップを塗り、生クリームを塗る。

2　すいかの半量をできるだけすきまができないように向きを変えながら並べ(ⓐ)、上から生クリームを薄く塗る。

3　2枚目の生地を重ね、コアントローシロップを塗る。生クリームを塗り、残りのすいかを同様にのせ、上から生クリームを薄く塗る。

4　3枚目の生地をのせ、上面、側面に残りの生クリームを塗り、飾り用のすいかをのせ、チョコチップを散らす。

47

桃とマスカルポーネクリームの
ショートケーキ

こってり濃厚なマスカルポーネと桃を合わせた贅沢ショート。
側面にはあえてクリームをたっぷり塗らず、
ラフなネイキッド風にするバランスが気に入っています。
アクセントに使ったラズベリーシロップは、赤い色が見た目にもかわいい。

材料（約13cm四方／1台分）
ジェノワーズ生地(p.12)…1枚
桃…1個
水…200mℓ
レモン汁…大さじ1
【マスカルポーネクリーム】
　生クリーム…200mℓ
　グラニュー糖…25g
　マスカルポーネチーズ…100g
【シロップ】
　水…50mℓ
　グラニュー糖…30g
【ラズベリーシロップ】
　ラズベリー（冷凍）…50g
　グラニュー糖…大さじ2
　水…大さじ1
　レモン汁…少々

下準備
・ジェノワーズ生地の端を切りそろえ、4等分の正方形に切る。
・シロップを作る。耐熱ボウルに水とグラニュー糖を入れ、
　電子レンジで30秒ほど加熱して混ぜ、グラニュー糖を溶かす。
・ラズベリーシロップを作る。耐熱ボウルにラズベリー、
　グラニュー糖、水を入れ、ふんわりとラップをかけて電子レンジで
　1分ほど加熱して混ぜ、グラニュー糖を溶かす。ざるに入れ、
　ゴムべらでしっかりと絞るようにこす(ⓐ)。レモン汁を加えて混ぜる。

作り方

1 マスカルポーネクリームを作る。生クリームは大さじ2を取りおき、グラニュー糖を加え、ボウルの底を冷やしながら6分立てにし、マスカルポーネチーズを混ぜて8分立てにする。

2 水とレモン汁を合わせ、桃を5mm厚さの薄切りにしてからめる。1枚目の生地にシロップを塗る。*1*を塗り(ⓑ)、桃の半量をすきまができないように向きを変えながら並べる(ⓒ)。*1*を上から桃をおおうように、薄く塗る。
⇒クリームは多めにのせ、横に落ちてくるくらいでかまいません。

3 2枚目の生地にラズベリーシロップを塗り、*2*に重ね(ⓓ)、*1*を薄く塗る。3枚目の生地をのせ、*2*と同様に*1*と桃を重ねる。4枚目の生地をのせ、側面に落ちたクリームをざっとならす。上面に*1*をたっぷりとのせ、パレットナイフで上面をなめらかにし、落ちたクリームで側面を整える。冷蔵庫で冷やす。

4 残りの*1*を取りおいた生クリームでのばしてゆるめ、上面に塗る。タイム（分量外）を飾る。

Genoise

みかんのビスキュイサンド(上)
柿のビスキュイサンド(下)

薄力粉を少し多めにした、しっかりとした食感の生地は
フルーツサンドにぴったり。アールグレイティーの香りをつけたクリームは、
秋なら洋梨、夏なら桃もおいしい。
断面の可愛いみかんには、コクのあるサワークリームを合わせました。

材料(各2個分)
【ビスキュイ生地 ＊共通】(天板29cm四方／1枚分)
- 卵 … 3個
- グラニュー糖 … 70g
- 薄力粉 … 100g
- 粉砂糖 … 大さじ1

●みかんのビスキュイサンド
- ビスキュイ生地 … 1枚
- みかん … 2〜3個

【サワーホイップ】
- サワークリーム … 50g
- グラニュー糖 … 大さじ1
- 生クリーム … 200mℓ

●柿のビスキュイサンド
- ビスキュイ生地 … 1枚
- 柿 … 2〜3個

【アールグレイクリーム】
- ティーバッグ(アールグレイ) … 2袋
- 生クリーム … 200mℓ
- グラニュー糖 … 大さじ1

下準備 ＊共通
・天板にオーブンシートを敷く(p.16)。
・オーブンを200℃に予熱する。

作り方
●みかんのビスキュイサンド

1. ビスキュイ生地を、上記の分量でp.15と同様の手順で焼く。冷めたら端を切りそろえ、4等分の正方形に切る。

2. みかんはナイフで薄皮ごと皮をむき、縦半分〜4等分に切る。

3. サワーホイップを作る。ボウルにサワークリームとグラニュー糖を入れて混ぜ、生クリームを少しずつ加え、ボウルの底を冷やしながら9分立てにする。

4. 1枚目の生地を焼き目を下にしておき、3を塗り(a)、みかんを並べる(b)。上から3を薄く塗り、2枚目を焼き目を上にしてのせる(c)。同様にしてもう1個作る。それぞれラップで包んで冷蔵庫で冷やし、形を落ち着かせて半分に切る。
   ⇒切ったとき、真ん中の切り口に大きい断面が見えるように、中心に大きく切ったものを並べましょう。

●柿のビスキュイサンド

1. ビスキュイ生地を、左ページの分量でp.15と同様の手順で焼く。冷めたら端を切りそろえ、4等分の正方形に切る。

2. 柿は皮をむいて、4〜6等分のくし形に切る。

3. アールグレイクリームを作る。耐熱ボウルにティーバッグから取り出した紅茶の葉と熱湯60mℓ（分量外）を入れ、冷めたらこす。生クリームはグラニュー糖を加え、ボウルの底を冷やしながら9分立てにし、紅茶液を混ぜる。

4. 1枚目の生地を焼き目を下にしておき、3を塗り、柿を並べる(d)。「みかんのビスキュイサンド」と同様に成形し、冷やして半分に切る。

いちじくとスパイスティーの
ショートケーキ

ジェノワーズ生地に、シナモンとカルダモンで香りづけ。
紅茶とラム酒が香るシロップをたっぷり塗って、
独特の風味のいちじくと、コクのあるきび砂糖で甘みをつけた
クリームを合わせると、パズルがピタッとはまるような、
絶妙の組み合わせを実感できます。

材料（約24×8cm／1台分）

【スパイス風味のジェノワーズ生地】
| 卵 … 3個
| きび砂糖 … 80g
| 薄力粉 … 60g
| シナモンパウダー … 小さじ¼
| カルダモンパウダー … 小さじ¼
| 食用油（香りのないもの）… 小さじ2
| 牛乳 … 大さじ1½

【紅茶シロップ】
| ティーバッグ … 2袋
| 水 … 50ml
| グラニュー糖 … 大さじ1
| ラム酒 … 小さじ2

生クリーム … 200ml
きび砂糖 … 大さじ1
いちじく … 500g
粉砂糖 … 適量

下準備
・天板にオーブンシートを敷く（p.16）。
・オーブンを190℃に予熱する。
・紅茶シロップを作る。小鍋にティーバックから取り出した
　紅茶の葉と水を入れてひと煮立ちさせ、こす。
　グラニュー糖を混ぜ溶かし、ラム酒を混ぜる。

作り方

1 スパイス風味のジェノワーズ生地を作る。薄力粉とスパイスは合わせてふるい、p.13と同様の手順で焼き、冷ます。

2 生クリームはきび砂糖を加え、ボウルの底を冷やしながら8分立てにする。いちじくは皮をむき、ひと口大に切る。

3 ジェノワーズ生地は端を切りそろえ、3等分に切る。1枚目に紅茶シロップを塗る。2を塗り（ⓐ）、いちじくの半量をのせる（ⓑ）。2を上から薄く塗って2枚目の生地を重ね、シロップを塗り、同様にもう1段重ねる（ⓒ）。茶こしで粉砂糖をふる。

アプリコットとバタークリームの プティフール

ドライアプリコットで作るピュレは、濃厚な酸味と甘み。
こっくりとしたバタークリームと合わせれば、少しなつかしい味わいに。
小さくても満足感のあるケーキです。中身は同じでもトッピングを変えれば、
違った表情を見せてくれるので楽しい。もちろん1種類だけでもすてきです。

材料(5×4cm／10個分)
ビスキュイ生地(p.14)…1枚
【アプリコットピュレ】
  ドライアプリコット…50g
  グラニュー糖…25g
  水…150mℓ
バタークリーム(p.60)…全量
粉砂糖、ココナッツファイン、チョコレート、
  スライスアーモンド…各適量

作り方

1 アプリコットピュレを作る。ドライアプリコットは5mm角に切る。鍋にすべての材料を入れて弱火にかけ、落としぶたをして15〜20分ほど煮る。アプリコットがやわらかくなったら、火から下ろして粗熱を取り、ミキサーにかけてなめらかにする。

2 ビスキュイ生地は端を切りそろえ、半分に切る。1枚目にバタークリームを薄く塗る(a)。ところどころに1を大さじ3〜4のせ、ざっとのばす(b)。2枚目の生地を重ね(c)、バタークリームを塗り、横半分、縦に5等分に切る。

3 表面にトッピングをする。残りのバタークリームと1を小さじ1くらいずつのせてざっと混ぜ、マーブルにする。他に、粉砂糖をふる、ココナッツファインをふる、バタークリームを塗ってスライスアーモンドをのせる、バタークリームを塗って削ったチョコレートをのせるなど、お好みでトッピングをする。

オペラ風スクエアケーキ

コーヒー、チョコレート、アーモンド、ラム酒。
王道オペラの組み合わせはそのままに、少し作りやすく、軽くしました。
カリカリナッツをアクセントに。
薄く切って少しずつ食べたい、大人のお菓子です。

材料（約24×8cm／1台分）

【アーモンド風味のビスキュイ生地】
- 卵 … 2個
- グラニュー糖 … 70g
- 薄力粉 … 40g
- アーモンドパウダー … 30g
- 粉砂糖 … 大さじ1

【コーヒーシロップ】
- インスタントコーヒー … 大さじ1
- グラニュー糖 … 20g
- 熱湯 … 70ml
- ラム酒 … 小さじ2

【ガナッシュ】
- チョコレート（刻む）… 50g
- 生クリーム … 30ml

【コーヒーバタークリーム】
- バタークリーム(p.60) … 全量
- インスタントコーヒー … 小さじ2
- 熱湯 … 小さじ2
- ラムレーズン … 40g

【アーモンドのキャラメリゼ】
- グラニュー糖 … 大さじ2
- 水 … 大さじ2
- スライスアーモンド … 80g

下準備
- 天板2枚にそれぞれオーブンシートを敷く（p.16）。
- オーブンを160℃に予熱する。
- アーモンドのキャラメリゼを作る。小鍋にグラニュー糖と水を煮立て、火を止めてアーモンドをからめる。天板1枚に広げ、160℃のオーブンで15分ほど焼く（a）。取り出し、オーブンを200℃にする。
- コーヒーシロップを作る。耐熱ボウルにコーヒーとグラニュー糖を入れ、熱湯を注いで混ぜ、ラム酒を加えて混ぜる。

作り方

1. アーモンド風味のビスキュイ生地を作る。薄力粉、アーモンドパウダーは合わせてふるい、p.15と同様の手順で焼き、冷ます。

2. コーヒーバタークリームを作る。コーヒーを熱湯で溶かし、冷ます。バタークリームに加え、泡立て器でしっかりと混ぜる。

3. ガナッシュを作る。ボウルにチョコレートを入れ、沸騰直前まで温めた生クリームを加え、ゆっくり混ぜる。大さじ1を取りおく。

4. ビスキュイ生地は端を切りそろえ、3等分に切る。1枚目にコーヒーシロップを塗り、2を塗り重ね、ラムレーズンを散らして軽く押し込むようにして表面をならす。

5. 2枚目の両面にコーヒーシロップをたっぷり塗ってのせ(b)、上からガナッシュを塗る。3枚目を重ね(c)、コーヒーシロップを塗る。

6. 上面に2を塗り、側面にはみ出たクリームも軽く整える。上面に取りおいたガナッシュを3～4カ所おき(d)、パレットナイフでざっとならす(e)。側面にアーモンドのキャラメリゼをつける。

カマンベールクリームの大きなブッセ

生地をまあるくぽってりと落として焼いた、ふかふかのサンドケーキ。
少し塩けのあるカマンベールクリームと、
赤ワイン風味のいちじくが相性抜群。お酒に合わせたいお菓子です。
チーズはブリーやブルーチーズでも。塩けをみて味を調整してください。

材料（直径約15cm／1個分）
【ビスキュイ生地】
　卵 … 2個
　グラニュー糖 … 50g
　薄力粉 … 40g
　粉砂糖 … 大さじ1
【カマンベールクリーム】
　カマンベールチーズ … 60g
　生クリーム … 100mℓ
　はちみつ … 大さじ½
ドライいちじく … 3〜4個
赤ワイン … 大さじ2

下準備
・天板にオーブンシートを敷く（p.16）。
・オーブンを200℃に予熱する。

作り方

1　ビスキュイ生地を、上記の分量でp.15の作り方5まで同様に作る。天板に生地を半量ずつおき、それぞれスプーンで直径14cmほどの円形にのばす。茶こしで粉砂糖を均一にふり、200℃のオーブンで7〜8分焼く。焼き上がったら、天板からはずして網にのせ、冷ます。
⇒すぐに使わない場合は、しっかり冷めてからラップをかぶせておきます。

2　ドライいちじくは2cm角に切り、耐熱ボウルに入れ、赤ワインをふり、ふんわりとラップをして電子レンジで1分ほど加熱する。粗熱を取る。

3　カマンベールチーズは1cm角に切る。耐熱ボウルに生クリーム大さじ2、カマンベールを入れ、ふんわりとラップをして電子レンジで20秒加熱し、よく混ぜて溶かす。別のボウルに生クリーム70mℓとはちみつを入れ、ボウルの底を冷やしながら6分立てにし、溶かしたチーズを加え、8分立てにする。

4　ビスキュイ生地1枚に3を⅔量のせ(ⓐ)、2を散らす(ⓑ)。いちじくの上に残りの3をのせ、もう1枚を重ねる(ⓒ)。

COLUMN

バタークリームの作り方

材料(作りやすい分量)
卵白 … 1個分
グラニュー糖 … 40g
バター(食塩不使用) … 90g

下準備
・バターを室温にもどす。

こっくりとして舌ざわりなめらか。
ちょっとなつかしい味わいのバタークリームです。
ほどよいかたさがあるため、初めての人でも
成形しやすく、失敗なくケーキを作れます。
湯せんにかけながら卵白を泡立て、
ふんわり感をキープします。

【 本書で使っているお菓子 】
・p.54「アプリコットとバタークリームのプティフール」
・p.56「オペラ風スクエアケーキ」

1.
ボウルに卵白、グラニュー糖を入れ、ハンドミキサーで軽く混ぜる。湯せんにかけて泡立てる。
⇒湯せんは沸騰した湯にボウルの底をつけ、弱火にするとちょうどよい温度になります。

2.
指を入れてみて少し熱いと感じるくらい＝約50℃に温まったら湯せんからはずし、泡立てる。

3.
ハンドミキサーですくってみて、角が立っておじぎをするくらいまで泡立てる。

4.
別のボウルにバターを入れ、ゴムべらでやわらかくなるまで練る。

5.
3をひとすくい入れ、均一になるまでゴムべらでしっかり混ぜる。

6.
3のボウルに戻し、ゴムべらでさっくりと混ぜる。

Chapter 3

ROLL CAKE
ロールケーキ

天板に薄くのばして焼く
スポンジ生地だからこそできるロールケーキ。
生地と、しっかりめに泡立てたクリームの
コンビネーションをシンプルに楽しんでほしいケーキです。
フルーツを巻くときは、しっかり水分をとってから。
作りたてよりも、生地とクリームがなじんだ
翌日がおいしいと思います。

Chapter 3

ROLL CAKE

丸ごといちごのロールケーキ

ジェノワーズの焼き色を外側にした、カステラ風ロールケーキ。
大粒のいちごをきっちりと並べると、どこを切ってもいちごが顔を出します。
甘いシロップを塗らずに、生地本来の甘さを楽しんで。
翌日のほうがクリームと生地がなじんでおいしいから、プレゼントにも最適です。

作り方⇒ p.64

いろいろフルーツのロールケーキ

たまご色のふわふわを表にしたロールケーキ。
いろいろなフルーツを細かく切って宝石箱のようにちりばめます。
缶詰のフルーツでもおいしく作れますよ。
余力があれば、生クリームにカスタードクリーム (p.38) を混ぜ込んでも。
作り方⇒ p.64

丸ごといちごのロールケーキ

材料(長さ約24cm／1本分)
ジェノワーズ生地(p.12)… 1枚
いちご… 12〜15粒
生クリーム… 200mℓ
グラニュー糖… 大さじ1

下準備
・ジェノワーズ生地は、手前の1辺
（ロールの中心になる部分）をまっすぐに切る。
・いちごは水けを拭く。

いろいろフルーツの ロールケーキ

材料(長さ約24cm／1本分)
ジェノワーズ生地(p.12)… 1枚
好みのフルーツ(いちご、キウイ、マンゴーなど)
　… 180g
生クリーム… 200mℓ
はちみつ… 大さじ1

下準備
・ジェノワーズ生地は、手前の1辺
（ロールの中心になる部分）をまっすぐに切る。
・フルーツは7mm角に切り、水けをとる。

丸ごといちごのロールケーキ

1. (共通)
生クリームはグラニュー糖（またははちみつ）を加え、ボウルの底を冷やしながら9分立てにする。

2.
オーブンシートを生地より長めに切る。広げて、ジェノワーズ生地を焼き目を下にしておき、生クリームを均一に広げる。手前側に少し多めに塗るとよい。

3.
生地の手前を2cmほどあけて、いちごを横一列に並べる。
⇒いちごの向きを変えながら、一直線になるように並べると、ロールケーキのすべての切り口にいちごの断面が出ます。

4.
手前から1cmのところに横に1本、そこから3〜4cm間隔で横にごく浅く数本の切り込みを入れる。

64

いろいろフルーツのロールケーキ

1.
オーブンシートを生地より長めに切る。広げて、ジェノワーズ生地を焼き目を上にしてのせ、生クリームを均一に広げる。手前側に少し多めに塗るとよい。

2.
手前から1cmのところに横に1本、そこから3〜4cm間隔で横にごく浅く数本の切り込みを入れる。生地の全体にフルーツを散らす。

3.
手前のオーブンシートを持ち上げ、生地を一度立ち上げるようにして巻き始める。

4.
オーブンシートを持って最後まで巻く。「丸ごといちごのロールケーキ」6〜7と同様にする。左右のシートを折り込み、ラップで包んで冷蔵庫で2〜3時間冷やし、形を落ち着かせる。翌日が食べ頃。

5.
手前のオーブンシートを持ち上げ、手前3cmのところで生地を一度立ち上げる。ここが巻くときの軸になるので、しっかり固定させる。いちごを軽く押さえるようにして巻き始める。

6. (共通)
オーブンシートを持って、一気に最後まで巻く。

7. (共通)
巻き終わりを下にして、下側のシートを持ち、上側のシートをかぶせ、シートの外側から定規などできゅっと締めて形を整える。

8.
左右のシートを折り込み、ラップで包んで冷蔵庫で2〜3時間冷やし、形を落ち着かせる。翌日が食べ頃。

キャラメルりんごロール

大好物のキャラメルりんごをロールケーキに巻き込みました。
シンプルなクリームと、卵の風味が広がる生地が
りんごを引き立てます。キャラメルりんごは保存がきくので、
多めに作って、トーストなどにのせてもおいしいです。

材料(長さ約24cm／1本分)
ジェノワーズ生地(p.12)…1枚
【キャラメルりんご】
　りんご(紅玉)…1個
　グラニュー糖…30g＋大さじ1
　水…小さじ1
　バター（食塩不使用）…小さじ½
　生クリーム…大さじ2
生クリーム…200mℓ
グラニュー糖…大さじ1

作り方

1　キャラメルりんごを作る。りんごは皮と芯を取り、1.5cm角に切る。フライパンにグラニュー糖30gと水を入れて強火にかけ、混ぜずにそのまま熱し、キャラメル色になったら(a)、りんごとバターを加えてからめるように炒める(b)。りんごが透き通ってきたらグラニュー糖大さじ1をふってからめ、生クリームを加える。水分が少なくなるまで炒め(c)、冷ます。

2　生クリームはグラニュー糖を加え、ボウルの底を冷やしながら9分立てにする。

3　ジェノワーズ生地は、焼き目を下にして天地を切りそろえる。生地より長めに切ったオーブンシートを広げてのせ、生クリームを均一に広げる。手前側に少し多めに塗るとよい。

4　p.64～65と同様にして巻いていく。まず、手前から1cmのところに横に1本、そこから3～4cm間隔で、横にごく浅く数本の切り込みを入れる。

5　次に、手前にキャラメルりんごを横一列に並べ、手前のオーブンシートを持ち上げ、生地を一度立ち上げるようにして巻き始め、オーブンシートを持って最後まで巻く。

6　5の巻き終わりを下にして、下側のシートを持ち、上側のシートをかぶせ、シートの外側から定規などできゅっと締めて形を整える。

7　左右のシートを折り込み、ラップで包んで冷蔵庫で2～3時間冷やし、形を落ち着かせる。翌日が食べ頃。

ゆずの香りの
ブッシュ・ド・ノエル

ビターな生地に、ゆずで香りをつけた
ホワイトチョコクリームを巻き込みました。
日本酒をシロップにしのばせて。
洗練された、少し和を感じさせる味わいです。
静かな大人のクリスマスに。

材料(長さ約24cm／1本分)

【ココアジェノワーズ生地】
　卵 … 3個
　グラニュー糖 … 80g
　薄力粉 … 45g
　ココアパウダー … 15g
　牛乳 … 大さじ2

【ホワイトガナッシュ】
　生クリーム(乳脂肪分35%前後) … 100mℓ
　ゆずの皮(すりおろし) … 1/2個分
　ホワイトチョコレート(刻む) … 30g

【チョコレートクリーム】
　ココアパウダー … 小さじ1/2
　グラニュー糖 … 大さじ1
　チョコレート(カカオ60%以上のもの・細かく刻む)
　　… 60g
　牛乳 … 大さじ3
　生クリーム(乳脂肪分35%前後) … 150mℓ

【日本酒シロップ】
　水 … 40mℓ
　グラニュー糖 … 大さじ1/2
　日本酒 … 大さじ1・1/2

ココアパウダー、粉砂糖 … 各適量

下準備

- ホワイトガナッシュを作る。耐熱ボウルに生クリームとゆずの皮を入れて電子レンジで1分加熱する。ホワイトチョコレートを入れたボウルに約1/3量を加え、ゆっくりと混ぜて溶かす。残りを少しずつ加えて混ぜ、冷蔵庫で6時間以上冷やす。
- 天板にオーブンシートを敷く (p.16)。
- オーブンを190℃に予熱する。
- 日本酒シロップを作る。耐熱ボウルに水とグラニュー糖を入れ、電子レンジで30秒ほど加熱して混ぜ溶かし、日本酒を混ぜる。

作り方

1. ココアジェノワーズ生地を作る。p.13 *1〜3* の要領で卵とグラニュー糖を泡立て、薄力粉とココアパウダーを合わせてふるい、粉気がなくなるまで混ぜる。温めた牛乳を加え、ゴムべらでつやが出るまで混ぜ、天板に流し入れ、190℃のオーブンで10〜12分焼いて冷ます。

2. チョコレートクリームを作る。ボウルにココアパウダーとグラニュー糖、チョコレートを入れる。牛乳を電子レンジで40秒加熱し、ボウルに加え、練りながら溶かす。ボウルの底を氷水で冷やしながら混ぜ、チョコレートが冷えたら生クリームを少しずつ加え、泡立て器で6分立てにする。

3. 冷やしておいたホワイトガナッシュを、泡立て器で8分立てにする。

4. 生地をオーブンシートにのせ、日本酒シロップを塗り、チョコレートクリーム1/3量をごく薄く塗る。ホワイトガナッシュを全体に落とし、スプーンの背などで軽く平らにする程度にのばす。
   ⇒ホワイトガナッシュが下のチョコレートクリームと混ざらないように気をつけましょう。

5. 生地に手前から1cmのところに横に1本、そこから3〜4cm間隔で横に数本の切り込みを入れる。手前のオーブンシートを持ち上げて巻き、巻き終わりを下にして形を整える。残りのチョコレートクリームをナイフやパレットナイフなどで、まっすぐ表面になでつけるように塗り(a)、2時間以上冷やす(p.64〜65参照)。翌日が食べ頃。
   ⇒クリームを直線を描くように塗ることで、切り株のような模様になります。

6. 食べるときに両端を切りそろえ、茶こしでココアパウダーと粉砂糖をふる。あれば、キャンドルや市販のクリスマスツリーなどを飾る。

ブルーベリーの
丸いショートケーキ

四角い生地をくるくると丸めていけば、まあるいケーキのでき上がり。
実はロールケーキより簡単で、大きさも自由自在。
小さく 2 つ作ってもかわいいですね。
淡い紫のクリームも、愛らしい。
中にひそませたグレープフルーツの酸味と苦味がアクセントに。
作り方⇒ p.72

ブルーベリーの
丸いショートケーキ

材料(直径約13×高さ6cmの丸形／1台分)
天板用シフォン生地(p.80)…1枚
ブルーベリー…25～26個
【ブルーベリーシロップ】
　ブルーベリー(冷凍)…100g
　グラニュー糖…大さじ1½
　レモン汁…大さじ1½
　レモンの皮(すりおろす)…少々
【ブルーベリークリーム】
　生クリーム…300mℓ
　ブルーベリーシロップ…大さじ3
【グレープフルーツマリネ】
　グレープフルーツ…6～7房
　グラニュー糖…大さじ1
　グランマルニエ…小さじ1
エディブルフラワー…少々

下準備
・ブルーベリーシロップを作る。
　耐熱ボウルにブルーベリーを入れて
　グラニュー糖をまぶし、ラップをせずに
　電子レンジで4分加熱し、こす。
　レモン汁、レモンの皮を加えて混ぜ、冷ます。
・グレープフルーツマリネを作る。
　グレープフルーツはナイフで上下を切り落として
　薄皮ごと皮をむき、房取りをする。
　2～3等分に切り、グラニュー糖と
　グランマルニエをからめる。

1.
シフォン生地を焼き目を上にしておき、縦4等分に切る。

2.
ブルーベリーシロップを大さじ3取りおき、残りを表面に塗る。

3.
生クリームはボウルの底を冷やしながら8分立てにし、取りおいたブルーベリーシロップを混ぜる。2の上から⅓量ほどを塗る。

4.
ブルーベリー15～16個とグレープフルーツマリネをところどころに置く。

5.
端の1切れを手前から巻く。

6.
巻き終わりを隣の1切れの端につなげるようにおいて巻く。

7.
同様に隣の1切れの端につなげるようにおいて巻く。

8.
4切れ分巻き終わったら、切り口を上にしておき、巻き終わりを押さえ、軽く形を整える。

9.
上面にはみ出たクリームを平らにならす。巻き終わりが段差にならないようにクリームを追加してならす。冷蔵庫で30分以上冷やして形を落ち着かせる。

10.
残りのクリームを上面にのせ、側面にも落としながら均一に塗る。残りのクリーム、ブルーベリー、エディブルフラワーなどを飾る。

ARRANGE

上面の飾りつけは、お好みでブルーベリーを並べても。

抹茶練乳ロール

たっぷりと抹茶を入れた苦味の効いた生地は、
ミルキーなクリームとなじむよう、やわらかなシフォン生地（p.80）に。
作り方は別立てのビスキュイとほぼ変わりませんが、
少しの水分と油でふんわりやさしい食感になります。
シンプルな構成ですが、完成された味わいです。

材料(長さ約24cm／1本分)

【抹茶シフォン生地】
　卵黄 … 3個
　卵白 … 3個分
　グラニュー糖 … 60g
　食用油（香りのないもの）… 大さじ2
　牛乳 … 40mℓ
　薄力粉 … 45g
　抹茶 … 8g

【練乳クリーム】
　生クリーム … 200mℓ
　コンデンスミルク … 大さじ1½

下準備
・天板にオーブンシートを敷く（p.16）。
・オーブンを200℃に予熱する。

作り方

1　抹茶シフォン生地を作る(p.80参照)。まず、卵黄にグラニュー糖小
　さじ2、油、牛乳の順に加え、そのつど泡立て器で混ぜ、薄力粉と抹
　茶をふるい入れて混ぜる。

2　別のボウルに卵白を入れ、残りのグラニュー糖を加えながら角が立
　つまで泡立て、⅓量を卵黄のボウルに加えて混ぜる。残りの卵白を
　加え、さっくりと混ぜる。天板に流し入れて平らにならし、200℃
　のオーブンで8〜10分焼いて冷ます。

3　練乳クリームの生クリームはボウルの底を冷やしながら9分立てに
　し、コンデンスミルクをさっくり混ぜる。

4　生地を焼き目を上にして天地を切りそろえる。オーブンシートにの
　せ、練乳クリームを均一に広げる。p.64〜65と同様にして、生地に
　切り込みを入れて巻き、巻き終わりを下にして形を整える。ラップ
　で包んで冷やす。

モンブランロール

しっとりとしたシフォン生地にも、ラム酒が香るふんわりクリームにも、
マロンクリームをたっぷり混ぜ込んでいます。
仕上げにもクリームをしぼって1缶（250g）を使い切り！
ひと口で栗のやさしい味わいがふわりと広がります。

材料（長さ約24cm／1本分）

【マロンシフォン生地】
卵黄 … 3個
卵白 … 3個分
マロンクリーム … 90g
グラニュー糖 … 40g
薄力粉 … 60g
食用油（香りのないもの）… 40mℓ
牛乳 … 大さじ2

【マロンホイップ】
生クリーム … 200mℓ
マロンクリーム … 100g
ラム酒 … 小さじ½
栗の甘露煮 … 50g
マロンクリーム … 40g
栗の甘露煮（飾り用）… 適量

下準備
・天板にオーブンシートを敷く（p.16）。
・オーブンを200℃に予熱する。
・栗の甘露煮は汁気をきって5mm角に刻む。飾り用は半分に切る。

作り方

1 マロンシフォン生地を作る（p.80参照）。まず、卵黄にマロンペーストを入れて混ぜ、油を加えて混ぜる。もったりしてきたら牛乳を混ぜ、薄力粉をふるい入れて混ぜる。

2 別のボウルに卵白を入れ、グラニュー糖を加えながら角が立つまで泡立て、⅓量を卵黄のボウルに加えて混ぜる。残りの卵白を加え、さっくりと混ぜる。天板に流し入れて平らにならし、200℃のオーブンで8〜10分焼いて冷ます。

3 マロンホイップを作る。生クリームはボウルの底を冷やしながら6分立てにし、残りの材料を加え、8分立てにする。80gを取りおく。

4 生地を焼き目を上にして天地を切りそろえる。オーブンシートにのせ、マロンクリームを均一に広げる。p.64〜65と同様にして、生地に切り込みを入れ、栗の甘露煮を散らして巻き、形を整える。ラップで包んで冷やす。

5 取りおいたマロンホイップ80gとマロンクリーム40gを混ぜる。6を切り分け、断面にクリームをしぼり、甘露煮を飾る。

細巻きシナモンあずきロール

シナモンとあずきのコンビは、ちょっぴり和菓子の八つ橋風。
小さくひと口サイズで、手でつまめる気軽なロールに仕立てます。
そのままでもおいしいのですが、冷凍して、アイス風にするのがおすすめ。
食べたいときに少しずつ切ってめし上がれ。

材料(長さ約24cm／細巻き2本分)
【シナモンシフォン生地】
卵黄 … 3個
卵白 … 3個分
グラニュー糖 … 60g
食用油(香りのないもの) … 大さじ2
水 … 大さじ2
薄力粉 … 50g
シナモンパウダー … 大さじ1/2

【あずきクリーム】
生クリーム … 200ml
ゆであずき … 200g

下準備
・天板にオーブンシートを敷く (p.16)。
・オーブンを200℃に予熱する。

作り方

1. シナモンシフォン生地を作る(p.80参照)。まず、卵黄にグラニュー糖小さじ2、油、水の順に加え、そのつど泡立て器で混ぜ、薄力粉とシナモンパウダーをふるい入れて混ぜる。

2. 別のボウルに卵白を入れ、残りのグラニュー糖を加えながら角が立つまで泡立て、1/3量を卵黄のボウルに加えて混ぜる。残りの卵白を加え、さっくりと混ぜる。天板に流し入れて平らにならし、200℃のオーブンで8〜10分焼いて冷ます。

3. あずきクリームの生クリームはボウルの底を冷やしながら9分立てにし、ゆであずきをさっくり混ぜる。

4. 生地を焼き目を上にして天地を切りそろえ、半分に切る。オーブンシートに1切れをのせ、4の半量を均一に広げる。p.64〜65と同様にして、生地に切り込みを入れて巻き(a、b)、形を整える(c)。ラップで包んで冷やす。もう1本も同様に作る。

COLUMN

天板用シフォン生地の作り方

材料(天板29cm四方／1枚分)
卵 … 3個
グラニュー糖 … 50g
食用油(香りのないもの)、牛乳 … 各大さじ2
薄力粉 … 50g

下準備
・卵を室温にもどし、卵黄と卵白に分ける。
・天板にオーブンシートを敷く(p.16)。
・オーブンを200℃に予熱する。

失敗の少ない別立てタイプですが、
卵黄に水分と油分を加えることで、
ジェノワーズ生地よりもやわらかい
ロールケーキ向きの生地に焼き上がります。
しなやかでひびも入りにくく、巻きやすいのも特徴。
どんなクリームにもよく合う、食べやすい生地です。

【本書で使っているお菓子】
・p.70「ブルーベリーの丸いショートケーキ」
・p.74「抹茶練乳ロール」
・p.76「モンブランロール」
・p.78「細巻きシナモンあずきロール」

1.
ボウルに卵黄を入れてグラニュー糖小さじ2、油、牛乳の順に加え、そのつど泡立て器で混ぜる。

2.
もったりしてきたら、薄力粉をふるい入れる。

3.
泡立て器で粉っぽさがなくなるまで混ぜる。

4.
別のボウルに卵白を入れ、ハンドミキサーで泡立てる。全体に白っぽくなってきたら、残りのグラニュー糖を3〜4回に分けて加え、しっかり角が立ったら3のボウルに1/3量を加え、泡立て器で混ぜる。

5.
残りの卵白を加えてさっくりと混ぜ、天板に流し入れ、カードで表面をならす。天板の縁に沿って指をなぞらせ、200℃のオーブンで8〜10分焼く。天板からはずして網にのせ、オーブンシートをかぶせて冷ます。

Chapter 4

PÂTE BRISÉE, MERINGUE
その他の生地

さくさくのブリゼ生地や、メレンゲ生地も
天板があれば作れます。ブリゼ生地は甘さを抑えて、
フィリングの味わいを際立たせて。
メレンゲ生地は、クリームやソルベ、
残った卵黄で作ったレモンクリームを合わせて
贅沢なデザートに仕立てましょう。
手作りならではの、楽しみ方です。

Chapter 4
PÂTE BRISÉE
ブリゼ生地で

りんごのタルト

パイのようなザクザクとした食感のタルト。生地にはほとんど甘みはありません。
キュンと酸味の強い紅玉の季節に、真っ先に作りたいタルトです。
果汁とグラニュー糖が焼いているうちに溶け合って本当においしい！
いろんなフルーツで試してほしい、素朴なタルトです。
作り方⇒ p.85

パンプキンのタルト

ほんのりシナモンの香りをつけたパンプキンペーストを、
タルト生地にのばして、軽めの食べ心地に。
焼く前の生地は冷凍しておけるので、食べたいときに
ペーストを作って熱々のサクサクを食べてほしい。
作り方⇒p.85

ブリゼ生地の作り方

バターと小麦粉で作る、焼くとザクザクとした食感になる生地です。
甘みがないので、チーズやトマトをのせてサレにも。

材料（作りやすい分量）
強力粉 … 100g
薄力粉 … 30g
グラニュー糖 … 小さじ1
塩 … 小さじ1/4
バター（食塩不使用）… 80g
溶き卵 … 1/2個分

下準備
・バターは1cm角に切って、冷蔵庫で冷やす。

1.
ボウルに強力粉、薄力粉、グラニュー糖、塩を入れて泡立て器でさっと混ぜ、バターを加える。カードで切るようにしながら混ぜる。

2.
バターが5mm角くらいに小さくなったら、手でつぶしながら、ぽろぽろの状態になるまで混ぜる。全体が黄色っぽく、しっとりすればOK。

3.
溶き卵を加え、カードでなじませながら混ぜ、手でひとまとまりにする。

4.
広げたラップの上に取り出し、さらにラップをかぶせて麺棒で直径15cmくらいにのばす。ラップで包んで、冷蔵庫で3時間以上冷やす。冷凍庫で2週間保存可能。
⇒卵の分量が1/2個分なので、2倍量作って半分は冷凍しておくと、いつでもタルトが焼けるのでおすすめです。

りんごのタルト

材料(直径約20cm／1枚分)
ブリゼ生地(p.84)… 全量
りんご(紅玉)… 1個
生クリーム … 適量
溶き卵 … 1/3個分(または牛乳大さじ1)
グラニュー糖 … 適量

下準備
・オーブンを200℃に予熱する。

作り方

1 りんごは芯を取り、皮つきのまま薄いくし形切りにする。

2 ブリゼ生地を冷蔵庫から取り出し、麺棒で直径25cmくらいにのばしてラップをはずし、オーブンシートを敷いた天板にのせる。縁を3〜4cmあけてりんごを少しずつ重ねながら丸く並べ、表面に生クリームを塗る(ⓐ)。

3 縁を内側に折り込み(ⓑ)、折り込んだところに溶き卵を塗る。

4 全体にグラニュー糖をふり(ⓒ)、200℃のオーブンで20分焼く。
⇒ほとんど甘くない生地なので、仕上げにグラニュー糖をふって甘みをプラスします。

パンプキンのタルト

材料(直径約20cm／1枚分)
ブリゼ生地(p.84)… 全量
【パンプキンペースト】
　かぼちゃ… 約1/6個(約250g)
　溶き卵 … 2/3個分
　生クリーム … 大さじ2
　ブラウンシュガー… 大さじ1
　メープルシロップ… 大さじ1
　シナモンパウダー… 小さじ1/3
溶き卵 … 1/3個分
スライスアーモンド … 適量
ブラウンシュガー… 適量

下準備
・オーブンを200℃に予熱する。

作り方

1 パンプキンペーストのかぼちゃは種とわたを取り、ラップで包んで電子レンジで4分加熱し、皮を除く。約200gになる。ボウルに入れて他の材料を加え、泡立て器でつぶすようによく混ぜる。

2 ブリゼ生地を冷蔵庫から取り出し、麺棒で直径25cmくらいにのばしてラップをはずし、オーブンシートを敷いた天板にのせる。中心にパンプキンペーストをのせ、縁を3〜4cmあけてゴムべらで広げる(ⓐ)。

3 縁を内側に折り込み、折り込んだところに溶き卵を塗ってスライスアーモンドをのせ、ブラウンシュガーをふる(ⓑ)。200℃のオーブンで20分焼く。

マロンクリームのコーヒータルト

香ばしいコーヒーの風味と、ちょっぴり塩けのある生地に
マロンクリームとナッツ、チョコレート菓子をあれこれトッピング。
型ぬきして小さく作ってもかわいい。

材料(直径約20cm／1枚分)
【ブリゼ生地】
  強力粉 … 100g
  薄力粉 … 30g
  コーヒー豆(ひいたもの) … 小さじ1
  グラニュー糖 … 小さじ1
  塩 … 小さじ¼
  バター(食塩不使用) … 80g
  溶き卵 … ½個分
【マロンホイップ】
  生クリーム … 100ml
  マロンクリーム … 150g
マロングラッセ(くだく)、好みのチョコレート菓子、
  好みのナッツ(くるみ、スライスアーモンドなど・ローストしたもの)
  … 各適量

下準備
・バターを1cm角に切って、冷蔵庫で冷やす。

作り方

1　ブリゼ生地を作る。粉類とコーヒー豆を合わせ、p.84と同様の手順で作る。

2　オーブンを200℃に予熱する。

3　1の生地を取り出し、麺棒で直径22cmくらいにのばしてラップをはずし、オーブンシートを敷いた天板にのせる。縁を細かく指でつまんで飾りをつけ、フォークでところどころ穴を開ける。200℃のオーブンで20〜25分焼く。

4　マロンホイップを作る。生クリームはボウルの底を冷やしながら8分立てにし、マロンクリームを混ぜる。

5　3が冷めたら4を塗り、マロングラッセ、ナッツ、チョコレート菓子などを飾る。

ARRANGE

同じ材料を使って、プティフールのようにしても。ブリゼ生地はお好みのクッキー型でぬきます。

MERINGUE
メレンゲ生地で

パブロバ

パブロバはオーストラリアのメレンゲ菓子。
サクサクした部分とねっちりとした部分の
食感の違いがおもしろいお菓子です。
生地で残った卵黄で作るレモンクリームで
酸味と甘みのコントラストが鮮やかに。
作り方⇒ p.90

ココナッツの小さいパブロバ
作り方⇒ p.91

メレンゲ生地（パブロバ生地）の作り方

少量の水とコーンスターチで、成形しやすく焼き上がりもしっかりします。
ビネガーは白っぽく焼き上がるので、少し加えて。

材料（作りやすい分量）
卵白 … 2個分
塩 … ひとつまみ
水 … 大さじ2
グラニュー糖 … 100g
白ワインビネガー（他の酢でも）
　… 小さじ½
コーンスターチ … 小さじ2

下準備
・卵白を冷やしておく。

1.
ボウルに卵白を入れて塩を加え、角が立つまで泡立てる。少し分離ぎみになる。
⇒塩をひとつまみ加えることで、早く泡立てることができます。

2.
水を少しずつ加え、そのつど泡立てる。

3.
なめらかになったらグラニュー糖を4〜5回に分けて加え、そのつど泡立てる。

4.
しっかりつやが出て、角が立つまで泡立てたら、白ワインビネガーを加え、ハンドミキサーで混ぜる。コーンスターチをふるい入れ、ハンドミキサーで混ぜる。

パブロバ

材料(直径約15cm／1個分)
メレンゲ生地(p.90)… 全量
生クリーム … 100mℓ
【レモンクリーム】
　卵黄 … 2個
　グラニュー糖 … 30g
　レモン汁 … 大さじ2
　レモンの皮(すりおろし) … 1個分
ピスタチオ(刻む)… 適量
レモン(輪切り)… 1枚

下準備
・天板にオーブンシートを敷く(p.16)。
・オーブンを120℃に予熱する。

作り方

1　メレンゲ生地を天板に落とし(ⓐ)、直径15cmほどの丸形にする。天板を回しながら、側面を下から上になでるようにして形を整える。

2　スプーンの背で中心を押し広げて軽くくぼませ(ⓑ)、120℃のオーブンで90分焼き、そのままオーブンの中で冷ます。
⇒オーブンの中に入れたまま冷ましたほうが、湿気ません。

3　レモンクリームを作る。ボウルにすべての材料を入れて泡立て器で混ぜる。湯せんにかけ、ゴムべらで絶えず混ぜる(ⓒ)。とろみがついたら湯せんからはずす。バットなどに流して平たくのばし、表面に直接ラップをし、冷蔵庫で冷やす。
⇒ダマになってしまったら、ざるなどでこしてなめらかにすればOKです。

4　生クリームはボウルの底を冷やしながら8分立てにする。

5　メレンゲ生地が冷めたら、生クリームをのせてレモンクリームをかけ、ピスタチオを散らし、レモンを飾る。

ARRANGE

メレンゲ生地(p.90)を半量で作り、最後にココナッツファイン30gを混ぜ、天板にスプーンでひとすくいずつのせて軽くのばし、110℃のオーブンで40分焼いて冷ます。8分立てにした生クリーム、ココナッツと相性のよいキウイやマンゴーにはちみつをからめたマリネをのせて。

ヴァシュラン

シンプルなメレンゲに、アイスクリームとベリーを合わせたフランスのデザート。
生地が甘いので、合わせるクリームには甘みを加えずに仕上げました。
酸味のあるベリーがよく合います。

材料（4人分）
【メレンゲ生地】
卵白 … 2個分
塩 … ひとつまみ
グラニュー糖 … 60g
粉砂糖 … 60g
いちご、ラズベリー … 各適量
ラズベリーシロップ（p.49。はちみつでも可）… 適量
バニラアイスクリーム … 適量
生クリーム … 適量

下準備
・卵白を冷やしておく。
・天板にオーブンシートを敷く（p.16）。
・オーブンを110℃に予熱する。

作り方

1　メレンゲ生地を作る。ボウルに卵白と塩を入れて泡立て、ハンドミキサーの羽根に泡がつき始めたら、グラニュー糖を少しずつ加え、しっかりとしたメレンゲにする。粉砂糖をふるい入れ、さっくりと混ぜる。

2　1を好みの口金を入れたしぼり袋に入れ、天板に直径3cmくらいずつしぼり出す。ティースプーンで落としてもよい。

3　110℃のオーブンで90分焼き、そのままオーブンの中で冷ます。
⇒オーブンに入れたまま冷ましたほうが湿気ません。

4　生クリームはボウルの底を冷やしながら6分立てにする。いちごは縦半分に切る。

5　器にいちご、ラズベリー、ラズベリーシロップ、アイス、生クリーム、メレンゲ生地をのせる。残ったメレンゲ生地は、湿気がつかないように缶などに入れ、冷蔵庫に入れておけば、1か月保存可能。

ソルベサンド

丸く焼いたメレンゲ生地でソルベをサンド。
さくさくのうちにいただきましょう。ソルベは市販のものでもいいのですが、
手作りにすれば、甘さも控えめ、軽い後味に。マンゴーをいちごに、
メロンをキウイに、すももはフルーツ缶などでも。

材料（直径約13cm／1個分）

【メレンゲ生地】
- 卵白 … 2個分
- 塩 … ひとつまみ
- グラニュー糖 … 60g
- 粉砂糖 … 60g

【マンゴーソルベ】
- マンゴー（冷凍）… 100g
- オレンジジュース … 大さじ3〜4

【メロンソルベ】
- メロン … 正味150g

【すもものコンポートのソルベ】
- すもものコンポート（MEMO）… 1/4量

下準備
- メロンはひと口大に切り、冷凍用の保存袋に入れて冷凍する。すもものコンポートは煮汁ごと保存袋に入れて冷凍する。
- 卵白を冷やしておく。
- 天板にオーブンシートを敷く（p.16）。
- オーブンを110℃に予熱する。

作り方

1　メレンゲ生地を作る（p.92参照）。ボウルに卵白と塩を入れて泡立て、グラニュー糖を少しずつ加え、しっかりとしたメレンゲにする。粉砂糖をふるい入れ、さっくりと混ぜる。

2　天板に1を1/4量ずつ落とし、それぞれスプーンなどで薄くのばし、直径12〜13cmの丸形に整える。110℃のオーブンで90分焼く。そのままオーブンの中で冷ます。
⇒オーブンに入れたまま冷ましたほうが湿気ません。また、焼いた生地は湿気がつかないように缶などに入れて冷蔵庫で保存すれば2週間ほどもつので、作っておいても。

3　ソルベを作る。マンゴーはオレンジジュースと合わせてミキサーにかけてなめらかにする。冷凍したメロンとすもものコンポートは、それぞれミキサーにかけてなめらかにする。
⇒ソルベがやわらかければ冷凍庫でかためます。また、ソルベは冷凍保存できるので、あらかじめ作っておいてもかまいません。

4　3のソルベ3種をくずし、2の4枚の間にそれぞれはさむ。

すもものコンポート
（作りやすい分量）

小鍋に半分に切って種を除いた皮つきのすもも1パック（500g）とグラニュー糖150g、水2カップを入れて中火にかけ、落としぶたをして10分ほど煮て、そのまま冷ます。デザートとして食べたり、ヨーグルトに添えたりしてもおいしい。煮汁は炭酸水で割って飲むのもおすすめ。

若山曜子
わかやま・ようこ

料理研究家。東京外国語大学フランス語学科卒業後、パリへ留学。ル・コルドン・ブルー パリ、エコール・フェランディを経て、フランス国家資格（C.A.P）を取得。パリのパティスリーやレストランで経験を積み、帰国。雑誌や書籍でのレシピ提案のほか、カフェや企業のレシピ開発、お菓子と料理の教室を主宰するなど、幅広く活躍中。『レモンのお菓子』（マイナビ出版）、『はちみつスイーツ』（家の光協会）、『レトロスイーツ』（文化出版局）など、著書も多数。

天板だけで作るケーキ

発行日　2018年12月30日　初版第1刷発行

著　者　若山曜子
発行者　井澤豊一郎
発　行　株式会社世界文化社
　　　　〒102-8187　東京都千代田区九段北4-2-29
　　　　☎03-3262-5118（編集部）
　　　　☎03-3262-5115（販売部）

印刷・製本　図書印刷株式会社
DTP製作　株式会社明昌堂

©Yoko Wakayama, 2018. Printed in Japan
ISBN 978-4-418-18334-0

無断転載・複写を禁じます。
定価はカバーに表示してあります。
落丁・乱丁のある場合はお取り替えいたします。

撮影　新居明子
デザイン　福間優子
スタイリング　曲田有子
取材　久保木薫
製菓アシスタント　細井美波、櫻庭奈穂子
　　　　　　　　　鈴木真代、出沼麻希子
校正／株式会社円水社
編集部／原田敬子

◎製菓材料協力
cotta（コッタ）
インターネットで製菓材料や
ラッピング用品などを扱っている。
https://www.cotta.jp/